Einführung

Nennen Sie die Planeten unseres Sonnensystems – von der Sonne ausgehend – in der richtigen Reihenfolge!

Nicht so einfach? Dann lernen Sie doch mal diesen Merksatz auswendig:

Mein Vater erklärt mir jeden Sonntag unseren Nachthimmel.

9783897776647
W0110622

Die Anfangsbuchstaben stehen für die Planeten Merkur, Venus, Erde, Mars, Jupiter, Saturn, Uranus und Neptun. Schnell gelernt und nie wieder vergessen!

Um aktiv Ihr Gedächtnis zu trainieren, müssen Sie allerdings nicht gleich durch das Weltall reisen. In diesem Kartenset stellen wir Ihnen die einfachsten und effektivsten Erinnerungstechniken vor, jeweils zusammen mit einigen Übungen, die Sie überall ausprobieren können: im Tennisclub, in der Oper, im Schwimmbad oder beim Wandern.

Viel Spaß!

ASSOZIATIONSTECHNIK

Auffällige Gesichter

Schauen Sie sich das Gesicht Ihres Gesprächspartners genau an. Fällt Ihnen etwas Besonderes auf? Auch so können Sie Hilfen und Eselsbrücken finden, um sich einen Namen zu merken.

Was ist für Sie an den folgenden Gesichtern charakteristisch?

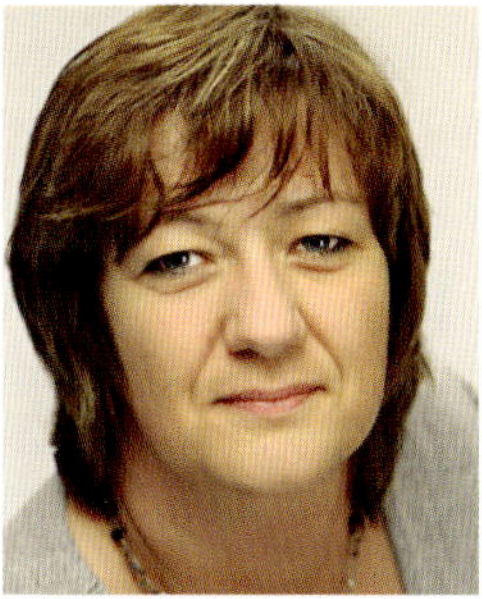

Dies ist Frau Strauß, die Sie eben bei der Bank beraten hat.

Und das ist Ihr neuer Tanzpartner im Tanzkurs, Herr Lehmann.

Betrachten Sie die beiden eine Weile, was fällt Ihnen auf?

ASSOZIATIONSTECHNIK

Bei Frau Strauß fallen uns ihre strahlenden und lachenden Augen auf.

Dieses Merkmal versuchen wir nun, mit dem Namen zu verbinden: Wir sehen, wie die Frau einen Strauß Blumen überreicht bekommt und ihre Augen dabei strahlen. Natürlich könnten Ihnen auch weniger schmeichelhafte Details auffallen – meistens lassen sich damit sehr lustige Bilder finden, die man oft noch viel besser im Gedächtnis speichern kann. Allerdings – behalten Sie dann Ihre Assoziationen lieber für sich.

Bei Herrn Lehmann sind uns die kleinen Augen aufgefallen, die recht eng beisammenstehen. In unserem Fantasie-Bild hat Herr Lehmann einen kleinen Mann aus Lehm auf der Nase sitzen und schielt ihn mit seinen Augen an.

Wenden Sie diese Technik nun einmal bei sich an. Welche Merkmale hat Ihr Gesicht und wie könnte man Ihren Namen damit in Verbindung bringen?

ASSOZIATIONSTECHNIK

Im Kindergarten

Heute findet der Großelternnachmittag im Kindergarten statt. Sie möchten die Namen der folgenden Großeltern im Kopf behalten, um Ihrer Tochter anschließend etwas über sie erzählen zu können. Schaffen Sie es?

Frau John

Frau Brocher

Herr Fried

ASSOZIATIONSTECHNIK

Wie heißen diese Personen?

Klappt gut, oder?

Schauen Sie sich noch mal Ihre Liste mit den Personen an, deren Namen Sie immer wieder vergessen. Und dann kreieren Sie zu diesen Namen Ihre ganz einfachen Eselsbrücken!

Assoziationstechnik: Namen und Gesichter merken

Kennen Sie das? Sie treffen jemanden in der Stadt. Er begrüßt Sie fröhlich mit Namen, Sie beginnen zu plaudern ... und in Ihrem Hinterkopf kramen Sie nach dem Namen dieser Person.
Solche Situationen gehören der Vergangenheit an, denn auf den folgenden Karten geben wir Ihnen einige Tipps, mit denen Sie fortan Namen mit Gesichtern assoziieren können.
Es gibt Namen, an die kann man sich hervorragend erinnern, weil sie eine klare Bedeutung haben. Heißt jemand Frau Wolke, dann stellen Sie sich vor, sie hätte eine Regenwolke direkt über dem Kopf.

Schauen Sie sich nun folgende Person an:

Frau Winter

Mit welchem Bild könnten Sie den Namen der Dame in Ihrem Gedächtnis verankern?

ASSOZIATIONSTECHNIK

Stellen Sie sich vor, sie hätte Schnee auf dem Kopf oder Eiszapfen würden zwischen den Haarsträhnen hängen. Vielleicht ähneln ihre Augen ja auch wunderschönen Schneekristallen?

Lassen Sie Ihrer Kreativität alle Freiheiten. Ihre eigenen Ideen, Gedanken und Bilder entstehen von selbst, und es sind oft die ersten Assoziationen, die uns am längsten im Gedächtnis bleiben.

Denken Sie mal darüber nach: Die Namen welcher Personen vergessen Sie immer wieder? Oder vielleicht gab es ja mal eine Situation in einem Laden oder auf einem Amt, bei der Sie sich den Namen Ihres Ansprechpartners gerne gemerkt hätten.

ASSOZIATIONSTECHNIK

Im Wanderverein

Diese drei Herren sind neue Mitglieder Ihres Wandervereins. Sie stellen sich Ihnen vor – und natürlich möchten Sie sich die Namen unbedingt merken.

Bilden Sie Ihre eigenen Assoziationen!

Herr Käfer

Herr Ulme

Herr Bauer

ASSOZIATIONSTECHNIK

Können Sie die drei Namen der Herren nun nennen, ohne die Karte umzudrehen?

Haben Sie sich Herrn Käfer mit einem dicken Hirschkäfer, der an seiner Nase klemmt, vorgestellt? Sitzt in Ihrer Fantasie Herr Ulme auf dem Ast einer Ulme und Herr Bauer auf einem Traktor?

Je mehr Übung Sie haben, desto schneller können Sie passende Assoziationen finden, die es Ihnen erleichtern, Namen und Gesichter im Gedächtnis zu behalten.

Namen ohne direkte Bedeutung

Gut, werden Sie jetzt sagen, sich die Namen von Herrn Bauer oder Frau Winter zu merken, ist relativ leicht. Doch wie sieht es aus, wenn Sie zum Beispiel eine Frau Matuschek oder einen Herrn Kreisler in Erinnerung behalten möchten?

Wir zeigen Ihnen nun, wie Sie mit Namen umgehen, die ein bisschen komplizierter sind.

Nehmen wir zunächst Herrn Kreisler.

Suchen Sie Wörter, die Sie mit diesem Namen assoziieren, weil sie ähnlich klingen!

Einen langen Namen wie den von Frau Matuschek zerlegen Sie am besten in mehrere Teile und suchen sich dann Assoziationen zu den einzelnen Teilnamen. Probieren Sie es doch gleich einmal aus!

Welche Wörter sind Ihnen eingefallen?

Zu Herrn Kreisler fiel uns sofort der Kreisel ein – oder die Automarke Chrysler.

Oft ist aber die erste Assoziation die beste, deshalb sitzt Herr Kreisler bei uns gedanklich nun immer auf einem riesengroßen Kreisel und dreht fröhlich seine Runden.

Zu dem Namen Matuschek sind uns die Begriffe Matsch und Scheck eingefallen. Bei uns fällt Frau Matuschek also jetzt immer der Scheck in den Matsch. Denken Sie sich auch zu Ihren besten Assoziationen Geschichten oder Bilder aus!

Manchmal haben wir nur Sekunden, um uns einen Namen zu merken, zum Beispiel, weil sich dann ein Gespräch entwickelt oder weil sich bereits der Nächste vorstellt. Die Assoziationstechnik funktioniert beinahe intuitiv und deshalb auch sehr schnell.

Machen Sie den Test!

Merken Sie sich die Namen dieser drei Personen:

Herr Wassen, Allgemeinmediziner

Frau Timmen, Physiotherapeutin

Herr Stern, Reiseleiter

ASSOZIATIONSTECHNIK

Begrüßen Sie nun Ihren neuen Hausarzt, Ihre Physiotherapeutin und Ihren Reiseleiter mit Namen!

Erstaunlich, wie gut das funktioniert, oder? Wie lange haben Sie benötigt, um die Namen zu lernen?

Bei Herrn Stern ist uns sofort die große Stirn aufgefallen, auf der wir uns einen leuchtenden Stern vorgestellt haben. So fällt er auch als Reiseleiter immer direkt auf.

Wassen erinnert uns an Waschen. Und das sollte ein Arzt nach jeder Untersuchung tun.

Welche Assoziationen sind Ihnen eingefallen?

Namenssilben

Stellen Sie sich folgenden Namen vor:

Frau Remekop

Nicht so einfach, oder? Nehmen Sie die einzelnen Namenssilben und suchen Sie Wörter, die mit den gleichen Buchstaben beginnen.

Zum Beispiel: Die Frau pflückt eine Rebe, stolpert über einen Menschen und stößt sich dabei den Kopf.

Stellen Sie sich das Bild mit der dazugehörigen Person vor.

Probieren Sie diese Technik anhand der folgenden Namen aus.

Frau Miltin

Herr Tratzanik

ASSOZIATIONSTECHNIK

Wie wäre es mit:

Die Frau mag milde Tintenfischringe.

Der Mann trat gegen einen Zaun und hervor sprang der Nikolaus.

Noch ein Tipp: Versuchen Sie, die Namen der Personen im Gespräch möglichst häufig zu benutzen, sprechen Sie Ihr Gegenüber immer wieder mit Namen an. So steigt die Wahrscheinlichkeit, dass Sie die neuen Namen so schnell nicht wieder vergessen.

ASSOZIATIONSTECHNIK

Du siehst ja aus wie …

Stellen Sie sich vor, Sie treffen Herrn Mark und er sieht aus wie Helmut Kohl – finden Sie zumindest. Nutzen Sie diesen Zufall, um sich Herrn Marks Namen zu merken. Zum Beispiel könnten Sie sich vorstellen, wie Helmut Kohl eine alte D-Mark hochhält. Probieren Sie es anhand dieser Beispiele selber einmal aus:

1) Ihre neue Kosmetikerin, Frau Tresch, sieht aus wie Maybrit Illner.

2) Herr Paske, den Sie in der Hundeschule kennengelernt haben, sieht aus wie Markus Lanz.

ASSOZIATIONSTECHNIK

Konnten Sie daraus etwas machen? Wie heißt Ihre neue Kosmetikerin? Und der Mann aus der Hundeschule?

1) Zum Namen Tresch ist uns der englische Begriff trash (Müll) eingefallen. Und spontan erscheint in unserer Vorstellung das Bild, wie Frau Illner in ihrer Talkshow die Bonbonpapiere der Gäste einsammelt und in den Abfalleimer wirft.

2) Zum Namen Paske fällt uns das Wort Maske ein. Und vor unserem inneren Auge zieht Markus Lanz seine Maske vom Gesicht und überrascht mit einem blauen Auge.

Wilde Assoziationen, oder? Aber für alle Erinnerungstechniken gilt: Je ungewöhnlicher das Bild, das Sie entstehen lassen, desto eher werden Sie sich daran erinnern können!

Darf ich mich vorstellen?

Bitte merken Sie sich diese drei Namen mit den eben erlernten Methoden!

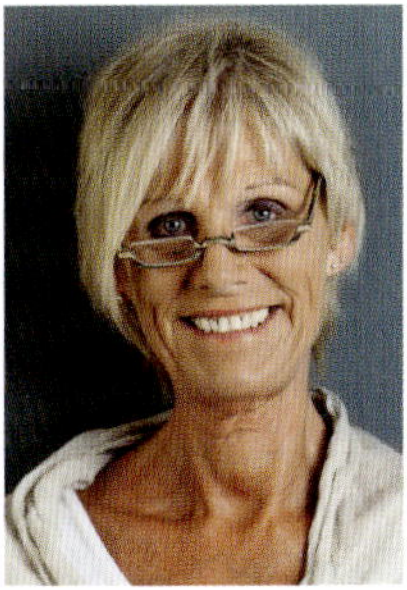

Frau Allwicher

Herr Rötters

Frau Storch

ASSOZIATIONSTECHNIK

Versuchen Sie nun, die Namen der Personen zu nennen!

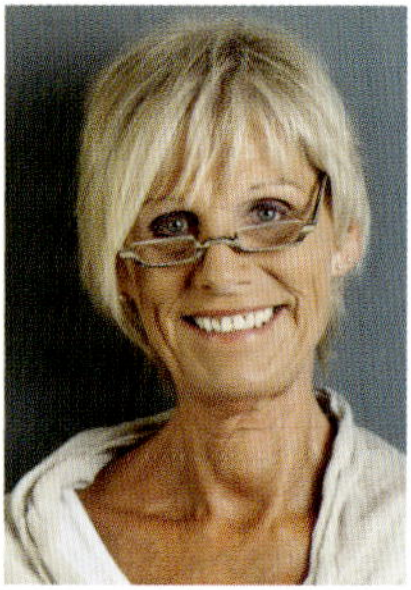

Fiel es Ihnen schon leichter? Sie werden sehen, bald werden Sie sekundenschnell Namen verinnerlichen können. Interessant ist auch, dass solche Bilder sehr lange und zuverlässig im Gedächtnis bleiben.

Finden Sie heraus, welche Technik zu welchen Personen und welchen Namen passt. Auch das werden Sie bald ganz intuitiv beherrschen.

Technik 2: Die Geschichtentechnik

Die Geschichtentechnik ist nicht nur die einfachste Erinnerungstechnik, sie macht auch noch sehr viel Spaß, da das Erzählen von Geschichten äußerst kreativ ist!

Die Methode eignet sich hervorragend dazu, bis zu 20 Begriffe im Gedächtnis zu behalten. Dazu verknüpfen Sie diese Wörter so miteinander, dass eine Geschichte entsteht. Stellen Sie sich den Begriff zunächst einmal vor und beschäftigen Sie sich vor Ihrem geistigen Auge mit ihm. Über ein Auto könnten Sie zum Beispiel mit der Hand streichen, Sie könnten einsteigen oder sich den Geruch des Leders der neuen Autositze vorstellen.

Wenn Sie sich nun folgende Begriffe merken wollen ...

:: Walkingstock
:: Laufschuh
:: Berg
:: Hase
:: Wurst

... dann könnte Ihre Geschichte so aussehen wie auf der Rückseite dieser Karte ...

GESCHICHTENTECHNIK

Sie gehen spazieren und finden einen **Walking-stock**. Dieser steckt in der Erde, ganz fest, so dass Sie mit Ihrem **Laufschuh** dagegentreten müssen, um ihn zu lösen. Sie freuen sich darüber, denn vor Ihnen liegt ein hoher **Berg**. Plötzlich kommt ein kleiner, rosa **Hase** angehoppelt und spießt eine **Wurst** auf Ihren Stock.

Stellen Sie sich die Situation vor. Ganz schön ungewöhnlich, die Geschichte, nicht wahr? Und so soll sie auch sein, denn je verrückter Ihre Assoziationen ausfallen, desto besser werden Sie die Begriffe im Gedächtnis behalten!

GESCHICHTENTECHNIK

Spaziergang durch das Märchenland

Am besten übt man die Geschichtentechnik, indem man erst einmal eine Reise ins Land der Märchen macht. Versuchen Sie, sich diese Begriffe zu merken. Schauen Sie sich die Wörter dazu zunächst an und spielen Sie gedanklich mit ihnen.

:: Einhorn
:: Kutsche
:: Wurzel
:: Schlüssel
:: Prinz
:: Krone
:: Gold
:: Reh
:: Baum
:: Zauberstab

Verknüpfen Sie nun die Begriffe miteinander in einer Geschichte. Wiederholen Sie die Geschichte jedes Mal, bevor Sie einen neuen Begriff hinzunehmen. Stellen Sie sich die Situation genau vor.
Drehen Sie die Karte dann um!

GESCHICHTENTECHNIK

Versuchen Sie nun, die Geschichte wiederzugeben und sich so an die zehn Begriffe zu erinnern!

Geschafft? Erstaunlich, wie gut das funktioniert, oder? Und warten Sie erst mal ab, bis Sie noch etwas mehr Übung haben!

Falls es Ihnen noch nicht so leicht fiel, die Begriffe zu einer Geschichte zu verknüpfen, haben wir Ihnen hier ein märchenhaftes Beispiel vorbereitet:

Ein **Einhorn** galoppiert durch einen Wald. Es zieht eine funkelnde **Kutsche** hinter sich her. Plötzlich stolpert es über eine **Wurzel** und stürzt. Da findet es gleich vor sich einen großen, silbernen **Schlüssel** auf dem Waldboden. Ein **Prinz** kommt herbei und rettet das Einhorn. Der Prinz trägt eine goldene **Krone**, besetzt mit Edelsteinen. Und plötzlich fallen aus der Krone zahlreiche **Gold**stücke. Ein **Reh** läuft direkt vor den beiden auf den Weg. Mit dem Kopf deutet es auf den **Baum**, zu dem die Wurzel gehört. Der Baum hat ein Gesicht und zwinkert ihnen zu. Mit einem Ast schwingt er einen **Zauberstab**.

Sportlich, sportlich

Okay, werden Sie jetzt vielleicht denken, Märchen – das ist ja leicht. Aber wie ist es mit anderen Dingen? Mit der Geschichtentechnik können Sie alle vorstellbaren Dinge im Gedächtnis behalten. Alles, was Sie brauchen, ist ein bisschen Fantasie, die Fähigkeit, zu abstrahieren, und etwas Übung.

Packen Sie doch mal Ihre Sporttasche:

:: Turnschuhe
:: Sporthose
:: Shirt
:: Wasser
:: Handtuch
:: Duschgel
:: Bürste
:: Deo
:: Schlüssel
:: Handy
:: Portemonnaie
:: Mitgliedsausweis

Lernen Sie die Liste mithilfe der Geschichtentechnik und drehen Sie die Karte dann um!

GESCHICHTENTECHNIK

Und? Was ist mit Ihrem Sportequipment passiert? Lagen die matschigen Turnschuhe auf der sauberen Sporthose? Haben Sie die Flecken mit dem Shirt entfernt? Dann Wasser genommen, weil es so nicht funktioniert hat? (Stellen Sie sich die Sauerei vor!) Bei uns gingen die Flecken mit dem Duschgel raus.

Packen Sie jetzt Ihre eigene Sporttasche: Was Sie auch brauchen – Tennisschläger, Tanzschuhe oder Golfball – schreiben Sie es auf eine Liste. Lernen Sie diese Liste mit Ihrer eigenen sportlichen Geschichte auswendig, so dass Sie nie wieder ohne Handtuch in der Sporthalle stehen!

Wenn Sie das nächste Mal auf Reisen sind ...

Wenn Sie das nächste Mal eine Reise machen, im Zug sitzen, im Stau stehen oder mit dem Flugzeug fliegen, dann machen Sie einfach diese Übung, nur so zum Spaß ... und natürlich als Training für die kleinen, grauen Zellen!

Merken Sie sich diese zehn Begriffe mit der Geschichtentechnik:

:: Junge
:: Hund
:: Käse
:: Tischtennisball
:: Kreuz
:: Blume
:: Flasche
:: Geige
:: Schrank
:: Glas

GESCHICHTENTECHNIK

Welche drei Gegenstände fehlen?

:: Junge
:: Käse
:: Tischtennisball
:: Kreuz
:: Blume
:: Flasche
:: Schrank

Haben Sie es herausgefunden?

Mit der Geschichtentechnik können Sie bis zu 20 Begriffe langfristig im Gedächtnis behalten. Probieren Sie es aus! Rufen Sie Ihre Geschichte morgen noch einmal ab, und dann nach zwei Tagen und nach einer Woche erneut. Sie werden staunen!

Apropos Reisen …

Kennen Sie das? Sie sind im Urlaub, auf Geschäftsreise, auf einem Wochenendtrip, stehen im Hotelzimmer und haben nicht ein Paar Socken eingepackt. Wie konnten Sie bloß die Socken vergessen? Sie reisen doch häufiger …

Machen Sie sich keine Gedanken! Solche Dinge passieren einfach. Was hilft, ist eine persönliche Liste mit Gegenständen, die Sie immer im Koffer haben sollten!

Schreiben Sie Ihre Liste nun auf. Was brauchen Sie unbedingt? Schuhe, Socken, Unterwäsche, Pyjama, Ersatzkleidung, Zahnbürste ...

Denken Sie sich nun Ihre Geschichte rund um Ihre Reisecheckliste aus. Am besten spielt die Geschichte in einer fremden Stadt, vielleicht in der Stadt Ihrer Träume!

Wiederholen Sie Ihre Geschichte ab und zu, so dass Sie sie nur noch abrufen müssen, wenn Sie Ihren Koffer packen.

Sie werden sehen – es funktioniert!

GESCHICHTENTECHNIK

Spielend lernen

Dieses Spiel können Sie zu zweit, zu dritt oder auch zu zehnt spielen. Es eignet sich für Bus- und Autofahrten, Spaziergänge oder einen Nachmittag, den Sie gemeinsam mit Ihren Kindern oder Enkeln verbringen.

Schauen Sie sich um und wählen Sie einen Gegenstand oder ein Tier aus. Nennen Sie Ihren Begriff und beginnen Sie Ihre Geschichte. Nun ist ein Mitspieler an der Reihe. Er nennt den nächsten Begriff, wiederholt die Geschichte und erweitert sie, indem er den neuen Begriff einsetzt. Das geht dann immer so weiter.

Und wenn mal einer einen Begriff vergisst, ...

... dann bekommt er einen Punkt. Die anderen Mitspieler versuchen gemeinsam, die Geschichte wieder zu rekonstruieren. Das machen Sie so lange, bis ein Begriff niemandem mehr einfällt. Wer dann die wenigsten Punkte hat, ist Gedächtnisweltmeister!

Es ist erstaunlich, wie viele Begriffe man sich auf diese Art spielerisch mit anderen gemeinsam merken kann. Es macht besonders viel Spaß, weil die Assoziationen mehrerer Menschen in die Geschichte mit einfließen. Sie werden sehen – da entstehen mitunter vollkommen verrückte Geschichten!

Im Theater

Sie sitzen im Theater und Ihre Gedanken schweifen ab ... Was Sie nächste Woche noch so alles erledigen müssen ... Sie können sich gar nicht auf das Stück konzentrieren, so voll ist Ihr Kopf!

Denken Sie sich doch einfach ein dramatisches Stück rund um Ihre To Dos aus – oder doch lieber eine Komödie?

1) Kostenvoranschlag Maler einholen
2) Weihnachtskarten schreiben
3) Plätzchen backen
4) Geschenke kaufen
5) Keller aufräumen
6) Tochter anrufen
7) Konzertkarten reservieren

Um diese Liste langfristig im Gedächtnis zu verankern, müssen Sie sich zunächst zu jedem Punkt einen erinnerbaren Begriff ausdenken, zum Beispiel einen Pinsel zu Punkt 1. Anschließend konstruieren Sie Ihre Geschichte rund um die von Ihnen gewählten Begriffe.

GESCHICHTENTECHNIK

Dies sind unsere Vorschläge:

1) Pinsel
2) Karte
3) Keks
4) Geschenk (... ein wunderschönes Päckchen mit einer riesigen, roten Schleife)
5) Zange (oder etwas Typisches, was sich, meist nicht auffindbar, in Ihrem Keller befindet)
6) Tochter
7) Klarinette (Handelt es sich allerdings um ein Rockkonzert, dann wäre z. B. eine Gitarre passender.)

In unserer Geschichte malt ein **Pinsel** eine Weihnachts**karte** pink an, worüber sich ein Weihnachts**keks**, der gerade vorbeikommt, furchtbar aufregt. (Unser Weihnachtskeks hat eine Piepsstimme und jammert laut über die pinkfarbene Karte.) Da kommt das **Geschenk** und tröstet den Keks, indem es ihm mit der Schleife über den Kopf streichelt. Und so weiter ...

Ja, sagen Sie jetzt vielleicht, aber was ist, wenn ich konkrete Termine habe, die ich mir mit Datum und Uhrzeit merken muss? Stimmt, dann kommen Sie mit der Geschichtentechnik nicht weiter, aber wir haben ja noch so einiges vor ... Warten Sie mal ab!

Im Konzert

Sie sitzen im Konzert und das Stück ist einfach abgrundtief langweilig. Vielleicht waren Sie schon mal in einer solchen Situation. Da Sie aber zu höflich sind, um den Konzertsaal zu verlassen, langweilen Sie sich einfach weiter und versuchen, nicht einzuschlafen.

Wir haben eine Lösung für Sie! In Zukunft werden Sie sterbenslangweilige Opern, Konzerte oder Theaterstücke dazu nutzen, Ihre Gedächtniskünste zu trainieren!

Suchen Sie sich bestimmte Details des Konzertsaales aus; vielleicht fallen Ihnen auch Gegenstände, die zu den Requisiten gehören, ins Auge. Oder Sie bemerken Besonderheiten bei den Zuschauern. Lassen Sie Ihren Blick schweifen! Welche Dinge finden Sie schön, hässlich oder bemerkenswert? Stellen Sie sich vor, wie sie sich anfühlen, wie sie duften, was man damit machen kann und wie sie klingen.

Und dann merken Sie sich sämtliche Begriffe mithilfe der Geschichtentechnik!

Und nach der Vorstellung können Sie Ihre Begleitung mit den Details, die Sie entdeckt haben, beeindrucken. Rufen Sie Ihre Geschichte in Gedanken ab und erzählen Sie dann von den Dingen, die Ihnen aufgefallen und mithilfe der Geschichtentechnik nun fest in Ihrem Gedächtnis verankert sind.

Nutzen Sie solche Situationen für eine Runde Köpfchentraining! Dann vergeht die Zeit wie im Flug und Sie haben auch noch etwas für sich und Ihre kleinen, grauen Zellen getan!

GESCHICHTENTECHNIK

Auf dem Spielplatz

Heute sind Sie ganz besonders aktiv: Sie besuchen zusammen mit Ihrem Enkel einen Spielplatz. Den ganzen Tag wollen Sie dort verbringen. Da ist es besser, gut vorbereitet zu sein. Diese Dinge sollten in Ihren Korb:

:: Äpfel
:: Kekse
:: Picknickdecke
:: Wasser
:: Ersatzkleidung
:: Gummistiefel
:: Schaufel
:: Eimer
:: Bagger
:: Pflaster

Leider fallen Ihnen diese Sachen erst ein, als Sie bereits auf dem Fahrrad sitzen, auf dem Weg zu Ihrer Tochter. Sie sollten also alles noch wissen, wenn Sie angekommen sind! Schaffen Sie es?

GESCHICHTENTECHNIK

Angekommen! Was sollten Sie nun in Ihren Korb packen, bevor es losgeht?

Wie ging Ihre Geschichte? Merken Sie nun schon, dass es Ihnen mittlerweile kinderleicht fällt, sich Begriffe mit der Geschichtentechnik zu merken?

Apropos Enkel: Probieren Sie die Technik einmal zusammen mit Ihren Kindern oder Enkeln aus. Es ist verblüffend, über was für ein gutes Gedächtnis diese verfügen. Das erfahren Sie spätestens, wenn Sie mit einem Kindergartenkind das Spiel „Paarefinden“ spielen!

GESCHICHTENTECHNIK

Walking

Sie wollen für Ihre neue Walkinggruppe T-Shirts bestellen. Auf dem Rücken sollen die Namen der Mitglieder stehen. Im Copyshop müssen Sie diese nennen, deshalb möchten Sie die Namen nun auswendig lernen:

1) Annette
2) Christian
3) Wolfgang
4) Marta
5) Claudia
6) Stefanie
7) Birte

Denken Sie sich zu jedem Namen einen Begriff aus, den Sie mit ihm assoziieren, weil er zum Beispiel ähnlich klingt!

Und dann konstruieren Sie Ihre Geschichte zu diesen Begriffen!

GESCHICHTENTECHNIK

Jetzt versuchen Sie, ...

a) die sieben Begriffe wiederzugeben und
b) die dazugehörigen Namen zu rekonstruieren.

Geschafft? Prima! Erstaunlich, dass man sofort auch wieder weiß, welche Namen sich hinter den Begriffen verstecken, nicht wahr?

Hatten Sie Schwierigkeiten, Begriffe für die Namen zu finden?

Hier zeigen wir Ihnen unsere Vorschläge:

1) Antenne
2) Christbaum
3) Wolf
4) Matte
5) Dieb (abgeleitet von „klau" (Claudia))
6) Pfanne
7) Birke

Technik 3: Das Ziffern-Symbol-System

Möchten Sie sich Ziffernfolgen merken, bietet sich diese Technik an.

Zunächst ordnen Sie jeder Zahl ein Symbol zu. Diese Symbole verknüpfen Sie anschließend, ähnlich wie bei der Geschichtentechnik, miteinander.

Wir wollen Ihnen ein Beispiel für eine Ziffern-Symbol-Zuordnung zeigen:

0: Ring
1: Einhorn
2: Schwan
3: Triangel
4: Auto
5: Hand
6: Würfel
7: Sieben Zwerge
8: Schleife
9: Kegel

ZIFFERN-SYMBOL-SYSTEM

Die Symbole erinnern optisch an die Zahlen, für die sie stehen:

Die Form des **Rings** erinnert an die **Null**.

Das **Einhorn** hat **ein** Horn.

Der **Schwan** hat die Form einer **Zwei**.

Der **Triangel** hat **drei** Seiten.

Das **Auto** hat **vier** Räder.

Die **Hand** hat **fünf** Finger.

Der **Würfel** hat **sechs** Seiten.

Es sind **sieben Zwerge**.

Die **Schleife** hat die Form einer **Acht**.

Und die **Kegel**? Alle **Neune**!

Das Ziffern-Symbol-System: Zwei Beispiele

Angenommen, Sie wollen folgende Ziffernfolge im Gedächtnis behalten: **3579**

Dann würden Sie nun anhand der dazugehörigen Symbole (Triangel, Hand, sieben Zwerge und Kegel) eine Geschichte erfinden.

Diese könnte beispielsweise folgendermaßen lauten: Ein riesiger **Triangel** (3) wird von der **Hand** (5) eines Riesen geschlagen. Dabei rennt er hinter den **sieben Zwergen** (7) her, die völlig verschreckt sind. Sie verstecken sich hinter einem großen **Kegel** (9).

Dieses Bild müssen Sie sich genau vorstellen: wie der große, grimmige Riese laut mit seinem Triangel bimmelnd hinter den armen, kleinen, verschreckten Zwergen her rennt usw.

Hören Sie auf Ihre spontanen Assoziationen, die entstehen, wenn Sie an die Symbole denken!

ZIFFERN-SYMBOL-SYSTEM

Oder stellen Sie sich vor, Sie wollten sich merken, dass die Lesung heute Abend um 18.30 Uhr beginnt.

Hierzu fällt uns sofort folgende Geschichte ein: Ein **Einhorn** (1) trägt eine große **Schleife** (8) um den Hals und lauscht einem Autor, der aus seinem Buch vorliest. Plötzlich holt dieser einen **Triangel** (3) unter dem Tisch hervor und spielt ihn. Da verwandelt sich der Schlägel in einen **Ring** (0).

Nun sind Sie an der Reihe!

Ihre eigene Ziffern-Symbol-Zuordnung

Damit Sie gut mit dieser Technik arbeiten können, sollten Sie Ihre eigenen Symbole finden. Schreiben Sie nun die Ziffern 0 bis 9 auf einen Zettel und zeichnen Sie Ihre Symbole daneben. Achten Sie darauf, welches Bild Ihnen sofort einfällt. Das sind die Symbole, mit denen Sie am besten arbeiten können. Sie können sich auch Symbole aussuchen, die ähnlich klingen wie das Zahlwort. Das Symbol könnte sich beispielsweise auf das Zahlwort reimen …

Vier – Bier

Acht – Schacht

… oder einfach nur ähnlich klingen:

Sieben – Ziege

Drei – Drache

ZIFFERN-SYMBOL-SYSTEM

Haben Sie den Zahlen 0 bis 9 Symbole zugeordnet? Dann ist es nun wichtig, dass Sie diese gut kennen. Stellen Sie sich jedes einzelne Symbol in Ruhe vor. Wie fühlt es sich an? Wie sieht es aus? Wie riecht oder schmeckt es? Was kann man damit machen? Stellen Sie sich vor, Sie würden es in der Hand halten.

Wiederholen Sie die Symbole, bis sie Ihnen vertraut sind. Legen Sie Ihre Notizen dann zur Seite und machen Sie den Test. Konnten Sie jeder Ziffer problemlos das passende Symbol zuordnen?

Wiederholen Sie den Test nach einer Stunde noch einmal. Kennen Sie Ihre Symbole? Dann kann es losgehen!

Probieren Sie es aus!

Erfinden Sie Geschichten – auf der Grundlage Ihrer Symbole – zu diesen Ziffernfolgen:

1) 7395

2) 13.4.2012

Denken Sie daran: Ihre Geschichte muss keinen Sinn machen! Je verrückter sie ausfällt, desto besser!

Versuchen Sie, Ihre Liste mit den Symbol-Zuordnungen nicht zu benutzen!

ZIFFERN-SYMBOL-SYSTEM

Und? Können Sie gut mit Ihren Symbolen arbeiten? Fielen sie Ihnen gleich ein? Oder mussten Sie das ein oder andere Symbol nachschauen?

Hier zeigen wir Ihnen – anhand der von uns gewählten Zuordnung – je eine Beispielgeschichte:

1) **Sieben Zwerge** spielen abwechselnd auf einem klitzekleinen **Triangel**. Und während sie das tun, erklimmen sie einen großen **Kegel**. Dabei merken sie nicht, dass dieser von einer großen **Hand** aufgehoben wird.

2) Ein weißes **Einhorn** galoppiert und springt durch einen **Triangel**. Plötzlich fährt ein **Auto** direkt auf es zu. Ein **Schwan** stellt sich dazwischen und bekommt von ihm dafür einen goldenen **Ring** geschenkt. Das **Einhorn** nickt noch einmal kurz und galoppiert davon. Der **Schwan** breitet die Flügel aus und fliegt von dannen.

ZIFFERN-SYMBOL-SYSTEM

Wichtige PINs

Haben Sie schon mal eine wichtige PIN vergessen, eine Zahlenkombination oder eine Telefonnummer? Obwohl Sie sie gestern noch wussten? Sie haben keine Ahnung, warum Ihnen die Nummer jetzt nicht mehr einfällt, aber das ist auch völlig egal, denn Sie stehen vor Ihrem Fahrradschloss, dessen Zahlenkombination Sie jetzt brauchen, um von der Stadt aus wieder nach Hause zu kommen?

Stellen Sie sich vor, die Zahlenkombination für Ihr Fahrradschloss ist die 8763. Mit welcher Geschichte würden Sie die Kombination mit Sicherheit nie wieder vergessen?

ZIFFERN-SYMBOL-SYSTEM

Wenn Sie den Kontext (Fahrrad) mit in die Geschichte einbauen, können Sie auch nicht vergessen, wozu die Ziffernfolge gehört, die Sie da in Gestalt einer lustigen Geschichte wiedergegeben haben.

Noch eine Anregung: Wer viel unterwegs ist, der sollte seine Handynummer kennen – und die wichtigsten Notfalltelefonnummern ebenfalls. Machen Sie eine Liste mit allen Telefonnummern, die Sie im Gedächtnis haben sollten, zum Beispiel die Nummer Ihres Partners oder Arztes. Denken Sie sich für diese Nummern Geschichten aus. Am besten flechten Sie auch hier die Person, zu der die Nummer gehört, mit in die Geschichte ein.

Auf dem Rhein

Wir hatten Ihnen ja versprochen, dass Sie auch noch eine Methode kennenlernen werden, mit der Sie Termine zusammen mit Uhrzeiten lernen können.

Bitte sehr!

Sie machen heute eine Tour auf dem Rhein. Damit alles glatt läuft, sollten Sie folgende Uhrzeiten kennen:

Abholung Taxi: 7.45 Uhr
Abfahrt Bahn: 8.19 Uhr
Umsteigen: 9.23 Uhr
Einschiffen: 12.15 Uhr

Können Sie sich die Zeiten merken, damit Sie nicht ständig Ihre Notizen aus der Tasche kramen müssen?

Bitte suchen Sie sich für jede Station jeweils einen vorstellbaren, exemplarischen Begriff (zum Beispiel ein Taxi, eine Bahn ...) und bauen Sie diesen in die Geschichte ein!

Unsere Geschichte beginnt so:

In einem *Taxi* fahren **sieben Zwerge** und überholen rasant ein **Auto**. Der Fahrer macht daraufhin eine unanständige Geste mit der **Hand**. Sie nehmen jetzt doch lieber die *Bahn* und binden eine **Schleife** um die Lok, weil sie ihnen so besser gefällt. Im gleichen Abteil sitzen auch ein kleines **Einhorn** und neben ihm ein **Kegel**. Da kommt ihnen eine zweite *Bahn* entgegen und noch ein **Kegel** winkt fröhlich aus dem Fenster. Auf dem Waggon sitzt ein **Schwan** und die Federn flattern im Fahrtwind ...

Was man auf Reisen so alles erleben kann, oder?

Opernexperte

Sie lieben Opern und wollen sich die wichtigsten Daten zu Ihren Lieblingsopern unbedingt merken:

Uraufführung *Aida*: 1871

Lebensdaten Verdi: 1813–1901

Uraufführung *Tosca*: 1900

Lebensdaten Puccini: 1858–1924

Schaffen Sie es mit dem Ziffern-Symbol-System?

ZIFFERN-SYMBOL-SYSTEM

Haben Sie die Gesichter von Verdi und Puccini vor Augen? Oder haben Sie sich andere exemplarische Symbole ausgedacht, zum Beispiel ein Pferd für Verdi (lautliche Ähnlichkeit) und einen Punsch für Puccini? Ein Schiff für die Oper *Aida* und ein Landhaus für *Tosca* (wir dachten da an ein kleines italienisches Landhaus in der Toskana).

Was lieben Sie? Opern? Klassische Konzerte? Rock- oder Popkonzerte? Kunstausstellungen?

Schreiben Sie doch mal auf, welches Ihre Lieblingskünstler sind und welche Daten Sie dazu interessieren. Mit dem Ziffern-Symbol-System haben Sie diese ab sofort immer im Kopf.

Ihre eigene Zuordnung

Nun sollten Sie Ihre eigenen Symbole finden, die Sie für die Monatsnamen einsetzen wollen.

Schreiben Sie dazu alle Monatsnamen auf ein Blatt. Überlegen Sie, was Ihnen intuitiv zu den einzelnen Monatsnamen einfällt. Egal, ob die Begriffe eine phonetische Ähnlichkeit haben oder ob Sie sie inhaltlich mit den Monatsnamen verknüpfen, Ihre spontanen Assoziationen sind die besten!

Zeichnen Sie Ihre Begriffe doch mal auf!

Stellen Sie sich die Begriffe vor. Wie sehen sie aus, von oben, von unten und von der Seite? Wie duften und schmecken sie? Wie fühlen sie sich an?

Wiederholen Sie nun die Begriffe einige Male. Spielen Sie vor Ihrem geistigen Auge mit ihnen und machen Sie sie für sich begreifbar. Hatten Sie den Gegenstand schon einmal in der Hand? Wann war das? In welchem Zusammenhang? Machen Sie sich auf diese Weise mit den Begriffen vertraut!

Meine Begriffe

Denken Sie sich wie bei der Geschichtentechnik eine Geschichte aus, in der sämtliche Begriffe der Reihe nach vorkommen.

Zu unserer Beispielzuordnung würde das so aussehen:

Ein *Jaguar* jagt eine kleine *Fee*. Sie wirft mit einem *Herz* nach ihm, trifft aber nur einen *Apfel*, der daraufhin vom Baum fällt. Darauf sitzt ein kleiner *Marienkäfer*, der nun von einem *Jungen* aufgenommen wird. Der Junge trägt einen geringelten *Pulli*, auf dem ein zwinkerndes Auge zu sehen ist. Er geht auf ein *Segelschiff*, an dessen Segel sich ein großer *Oktopus* klammert. Der Kapitän ist eine *Nonne* und vor dem Schiff schwimmt ein *Delfin*.

Oder versuchen Sie mal Folgendes:

Schreiben Sie alle Begriffe auf kleine Kärtchen und auf die Rückseite die dazugehörigen Monate. Legen Sie die Kärtchen auf den Tisch und ziehen Sie wahllos eine Karte. Lesen Sie den Begriff oder Monat auf der Vorderseite und überlegen Sie, was auf der Rückseite stehen könnte.

So lernen Sie Ihre Begriffe ganz schnell.

Übung macht den Gedächtnismeister

Merken Sie sich diese beiden Geburtstage mithilfe Ihrer Monatssymbole:

1) Maria: 23. August 1954

2) Mia: 14. Dezember 2011

Wiederholen Sie die Geschichten einige Male, bei denen Sie Maria und Mia natürlich mitspielen lassen, und drehen Sie die Karte dann um!

Und nun gratulieren Sie den beiden! Kennen Sie ihre Geburtstage?

Hier unsere Beispielgeschichten:

1) Maria (hier stellen wir uns die biblische Maria vor) trifft einen schwarzen **Schwan** und läutet einen **Triangel**. Daraufhin verheilt eine Verletzung an seinem *Auge*. Ein **Einhorn** trabt herbei und wirft vor Freude mit dem Maul einen **Kegel** in die Luft. Maria fängt ihn mit der **Hand** auf, steigt in ihr **Auto** und fährt davon.

2) Mia reitet auf einem **Einhorn** hinter einem **Auto** her. Ein fliegender *Delfin* begleitet sie mit großen Sprüngen. Da werden die drei von einem **Schwan** gestoppt, dessen Schnabel in einem **Ring** steckt. **Zwei** weitere **Einhörner** tauchen auf und zusammen retten sie ihn.

Kultursommer

Für folgende Konzerte haben Sie in diesem Sommer Karten bekommen:

1) 23. Juni: Berliner Symphoniker
2) 30. Juni: Rolling Stones
3) 2. Juli: Wise Guys

Bitte denken Sie sich eine passende Geschichte aus, so dass Sie Ihre Termine immer im Blick haben! Merken Sie sich Ihre Geschichte und drehen Sie die Karte dann um!

Wann werden Sie das Rolling Stones-Konzert besuchen?

Wen sehen Sie am 23. Juni?

Und wann findet das Konzert der Wise Guys statt?

Unsere Geschichte verläuft so:

Ein **Schwan** spielt einen **Triangel** und ein kleiner *Junge* mit einer Geige (für Symphoniker) begleitet ihn. Ein großer **Triangel** kommt dazu und wippt im Takt der Musik. Er trägt einen **Ring** um sein Metall herum und ein *Junge* sitzt auf dem unteren Schenkel und schaukelt. Plötzlich kommen viele Steine angerollt. Ein **Schwan** flüchtet schnatternd vor der Lawine und zieht sich dabei einen *Pulli* an. Viele Kerle (Guys) retten das Tier aus seiner misslichen Lage.

Welche kulturellen, sportlichen und gesellschaftlichen Termine stehen für Sie an? Schreiben Sie sie doch einfach mal auf und denken Sie sich Geschichten dazu aus!

Allgemeinwissen

Natürlich kann man heutzutage alles in Sekundenschnelle im Internet nachschauen, selbst unterwegs mit dem Smartphone.

Trotzdem ist es toll, wenn man geschichtliche Daten, die einen schon immer interessiert haben oder die man einfach immer mal wieder braucht, im Kopf hat.

Schreiben Sie sich doch mal fünf historische Ereignisse auf, die Sie besonders interessieren, zum Beispiel fünf Daten rund um Ihren letzten Museumsbesuch. Versuchen Sie, diese drei Daten mithilfe der bereits erlernten Techniken langfristig im Gedächtnis zu verankern.

Apropos Museum ...

ZIFFERN-SYMBOL-SYSTEM

Sie besuchen ein Spielzeugmuseum und drei Daten würden Sie gerne nach Ihrer Rückkehr Ihren Kindern oder Enkeln erzählen:

1) 10. August 1932:
Gründung des Unternehmens Lego

2) 17. September 1883:
Geburtstag von Käthe Kruse

3) 18. Januar 1882:
Geburtstag von A. A. Milne
(Erfinder von Pu, dem Bären)

Versuchen Sie, diese drei Daten im Gedächtnis zu behalten! Testen Sie nach einem Tag, ob Sie sie noch kennen! Und wenn Sie das nächste Mal Ihren Enkeln eine Geschichte aus dem Hundertmorgenwald vorlesen oder einen Lego-Bausatz zusammenbauen ...

Tooooor!

Ihre Fußballmannschaft gibt die Termine für die Turniere der Saison bekannt. Während alle Ihre Kalender zücken, erzählen Sie sich einfach einige Geschichten:

1) 25. August in Lonsdorf

2) 9. September zu Hause

3) 22. September in Hirschheim

4) 7. Oktober in Gondeln

Bitte merken Sie sich diese Termine zusammen mit den Orten, an denen die Turniere stattfinden! Für die Orte müssen Sie sich einen Begriff ausdenken, der Sie an den Namen des Dorfes bzw. der Stadt erinnert.

ZIFFERN-SYMBOL-SYSTEM

Kennen Sie Ihre Termine auswendig? Lassen Sie Ihr Team nicht im Stich!

Unsere Vorschläge für die Begriffe, die Sie für die Ortsnamen einsetzen könnten, lauten:

1) Linse

2) Haus

3) Hirsch

4) Gondel

Welche Assoziationen hatten Sie? Könnten Sie sich vorstellen, in Zukunft mehr auf Ihr Gehirn zu setzen? Haben Sie Vertrauen in Ihre Gedächtnisleistung!

Weihnachtsmärchen

Sie sehen im Supermarkt ein Plakat für die Aufführung des diesjährigen Weihnachtsmärchens. Sie würden das Theater gerne besuchen, müssen die Termine aber zunächst mit Ihren Kindern oder Enkeln besprechen.

Die Vorstellungen finden statt am:

1) 2. Dezember: 15 Uhr, 19 Uhr

2) 4. Dezember: 16 Uhr

3) 6. Dezember: 14 Uhr, 16.30 Uhr, 19 Uhr

Merken Sie sich die Termine und drehen Sie die Karte dann um!

ZIFFERN-SYMBOL-SYSTEM

Bitte rufen Sie die Geschichte nun noch einmal ab und warten Sie dann eine Stunde.

Können Sie nun sagen, an welchen Terminen die Vorstellungen stattfinden?

Vielleicht werden Sie bereits merken, dass es Ihnen immer leichter fällt, Geschichten zu erfinden und hierdurch Daten und Termine langfristig im Gedächtnis zu verankern. Und Sie werden sehen: Je öfter Sie die Technik anwenden, desto vertrauter werden Sie mit ihr!

Nutzen Sie Ihre Symbole deshalb immer mal wieder im Alltag und merken Sie sich Termine auf diese Weise!

Daten und Termine

Wenn Sie sich Daten, also zum Beispiel Geburtstage, geschichtliche Daten oder Termine, merken wollen, dann ist es hilfreich, sich Bilder für die Monate auszudenken. Diese Bilder können Sie dann mit in Ihre Geschichte einfließen lassen.

Die Begriffe, die für die Monate stehen, könnten zum Beispiel ähnlich klingen wie die Monatsnamen. Es könnten aber auch Dinge sein, die Sie stark mit dem Monat in Verbindung bringen, wie etwa ein Weihnachtsbaum im Dezember, ein Kürbis im November oder ein Drachen im Oktober.

Auf der Rückseite zeigen wir Ihnen ein Beispiel für eine Begriffszuordnung, die auf lautlicher Ähnlichkeit beruht.

ZIFFERN-SYMBOL-SYSTEM

Januar: Jaguar

Februar: Fee

März: Herz

April: Apfel

Mai: Marienkäfer

Juni: Junge

Juli: Pulli

August: Auge

September: Segelschiff

Oktober: Oktopus

November: Nonne

Dezember: Delfin

Einige Beispiele

Auf der Basis unserer Zuordnung möchten wir Ihnen nun zwei Beispiele vorstellen, die Ihnen zeigen, wie Sie die Begriffe für die Monatsnamen nutzen können, um sich an bestimmte Daten zu erinnern.

Ihr bester Freund Julius hat am 13. September Geburtstag.

Nutzen Sie nun die Symbole Ihrer Ziffern-Symbol-Zuordnung und kombinieren Sie diese in einer Geschichte mit den Begriffen, die für die Monate stehen:

Julius reitet auf einem **Einhorn** und läutet dabei einen **Triangel**. Plötzlich sieht er in der Ferne ein *Segelschiff*, das mit den Wellen auf und ab wiegt.

Ein nettes und einprägsames Bild, das dafür sorgen wird, dass Sie Julius' Geburtstag nie wieder vergessen.

ZIFFERN-SYMBOL-SYSTEM

Sie wollten sich immer schon mal diese wichtigen Geschichtsdaten merken:

1) Prager Fenstersturz: 23. Mai 1618
2) Ende des Zweiten Weltkrieges: 2. September 1945

Aber Ihnen fällt es einfach schwer, sich Zahlen zu merken. Dann merken Sie sich doch lieber Bilder!

1) Durch ein Fenster beobachten Sie, wie ein **Schwan** in einem **Triangel** feststeckt. Auf seinem Schnabel sitzt ein *Marienkäfer* und blickt ihn ratlos an. Da kommt ein **Einhorn** und versucht, ihn zu befreien. Es würfelt mit seinem Zauber**würfel** und zaubert so ein zweites **Einhorn** herbei, das eine **Schleife** mitbringt, mit der sie es schließlich gemeinsam schaffen, ihn zu befreien.

2) Ein **Schwan** schwimmt um ein *Segelschiff* (vielleicht stellen Sie sich hier ein Kriegsschiff vor, dann haben Sie den Kontext) herum, auf dem ein **Einhorn** steht. Es versucht, an Bord einen **Kegel** mit seinem Huf umzuwerfen. Da kommt ein **Auto** über das Wasser gefahren. Eine **Hand** langt aus dem Fenster und spritzt alle nass.

Ihre eigene Körperroute

Zeichnen Sie nun Ihren Körper auf ein Blatt Papier! Markieren Sie auf dieser Skizze zehn Punkte. Suchen Sie sich Ihre eigenen Routenpunkte, mit denen Sie gut arbeiten können. Die Routenpunkte sollten sich in einer Reihenfolge befinden, die für Sie logisch und gut nachvollziehbar ist.

Wiederholen Sie Ihre Punkte einige Male. Vielleicht fassen Sie sie dabei an. Drehen Sie diese Karte dann um!

KÖRPERROUTEN-TECHNIK

Ihre ganz persönlichen Routenpunkte bleiben immer gleich. Sie können erst wirklich sicher mit der Körperrouten-Technik arbeiten, wenn Sie Ihre Punkte gut kennen und dazu in der Lage sind, sie in der richtigen Reihenfolge wiederzugeben.

Und das versuchen Sie nun. Drehen Sie Ihre Skizze dazu um!

Kennen Sie Ihre Routenpunkte? Dann können Sie die Technik mithilfe der nachfolgenden Karten testen. Oder waren Sie noch unsicher? Dann wiederholen Sie Ihre zehn Punkte noch einmal, bis Sie sie gut kennen!

KÖRPERROUTEN-TECHNIK

Gedächtniskunst

Und nun probieren Sie die Körperroute mit Ihren Routenpunkten anhand dieser künstlerischen Liste aus:

:: Pinsel
:: Leinwand
:: Skulptur
:: Kittel
:: Ton
:: Spachtel
:: Farbtube
:: Staffelei

Wiederholen Sie Ihre Route einige Male vor Ihrem geistigen Auge und drehen Sie die Karte dann um!

KÖRPERROUTEN-TECHNIK

Schaffen Sie es, die Begriffe auf Ihrer Liste wiederzugeben?

Nachfolgend stellen wir Ihnen unsere Beispielgeschichte vor:

Mit dem *Pinsel* lackieren wir die Zehennägel des **rechten Fußes**. Mit dem **Knie** drücken wir eine Delle in die *Leinwand* und an unserem **Bauch** klebt eine griechische *Skulptur*, in der **linken Hand** halten wir einen *Kittel* und unsere **linke Schulter** ist aus *Ton*. Im **Mund** steckt ein *Spachtel* und in der **Nase** die *Farbtube*. Auf dem **Kopf** balancieren wir die *Staffelei*.

Was für ein Bild, oder? Aber auch für die Körperroute gilt: Je verrückter das Bild, das Sie entstehen lassen, desto besser!

KÖRPERROUTEN-TECHNIK

Diskussionsrunde

Sie nehmen an einer Diskussionsrunde teil. Leider tragen die Teilnehmer keine Namensschilder. Da Sie die Menschen, mit denen Sie diskutieren, aber gerne mit Namen ansprechen würden, möchten Sie sich diese während der Vorstellungsrunde merken. Die Teilnehmer sitzen im Kreis, Sie müssen sich also die Reihenfolge der Namen merken. Dazu sollten Sie schnell und möglichst intuitiv zu jedem Namen eine Assoziation finden und diese Bilder auf Ihrer Körperroute ablegen.

1) Herr Beier
2) Herr Knecht
3) Frau Wilms
4) Herr Kersen
5) Frau Bolt
6) Herr Bolt
7) Frau Kaiser

KÖRPERROUTEN-TECHNIK

Zu diesen Namen fallen uns sofort folgende Begriffe ein:

1) Bayer
2) Knecht
3) Prinz William
4) Kirsche
5) Frau Blitz (engl. bolt)
6) Herr Blitz (unsere Blitze haben also Gesichter, vielleicht streiten sie miteinander)
7) Kaiser

Hatten Sie ähnliche Assoziationen – oder waren sie ganz anders?

Wie lange haben Sie gebraucht, um die Begriffe auf der Körperroute abzulegen? Können Sie die Namen nun der Reihe nach wiedergeben?

KÖRPERROUTEN-TECHNIK

Haben Sie noch Fragen?

Kennen Sie das? Sie besuchen einen Vortrag und währenddessen fallen Ihnen viele Fragen ein. Doch wenn es soweit ist und Sie Ihre Fragen stellen können, sind diese verschwunden.

Kein Wunder! Schließlich hat sich unser Gehirn in der Zwischenzeit ja schon wieder mit neuen Informationen, Bildern und Geschichten beschäftigt.

Auch solche Situationen könnten Sie mit der Körperroute in Zukunft vermeiden.

Probieren Sie es mal aus! Auf der Rückseite finden Sie eine Übung dazu ...

KÖRPERROUTEN-TECHNIK

Sie hören einen Vortrag zum Thema Jakobsweg. Folgende vier Fragen möchten Sie dem Vortragenden stellen:

1) Was kosten die Unterkünfte für Pilger?

2) Welcher Ort auf dem Weg war besonders beeindruckend?

3) Wie viele Pilger trifft man unterwegs?

4) Wie viel Kilo Gepäck sollte man mitnehmen?

Suchen Sie wieder für jede Frage nach einer Assoziation, einem erinnerbaren Bild. Dann prägen Sie sich die Fragen mithilfe der Körperrouten-Technik ein. Warten Sie 20 Minuten – und stellen Sie danach die vier Fragen!

KÖRPERROUTEN-TECHNIK

Pläne für das Wochenende

Sie sitzen im Auto und hören einen Radiobeitrag. Es geht um Veranstaltungen, die am Wochenende in Ihrer Stadt stattfinden. Einige finden Sie interessant und diese möchten Sie zu Hause Ihrer Familie vorschlagen:

1) Paul Klee-Ausstellung

2) Theaterstück *Macbeth* der Laientheatergruppe

3) Geführte Wanderung „Auf den Spuren der heimischen Waldtiere“

4) Tag der offenen Tür bei der Ölmühle

5) Oldtimer-Traktor-Ausstellung

6) Herbst-Bauernmarkt

Schaffen Sie es, sämtliche Veranstaltungen mithilfe der Körperroute im Gedächtnis zu behalten? Drehen Sie die Karte dann um und machen Sie 30 Minuten lang mal etwas ganz anderes.

KÖRPERROUTEN-TECHNIK

Haben Sie noch alle Veranstaltungen im Kopf? Sieht nach einem aktiven Wochenende aus!

Gleichgültig, ob Sie ein Kleeblatt im Ohr, einen Totenschädel in der Hand oder ein Reh auf dem Kopf hatten … Sicher schaffen Sie es mittlerweile spielend, einprägsame Bilder entstehen zu lassen!

Sie sehen – Erinnerungstechniken helfen einem in vielen Situationen weiter. Wie oft wünscht man sich, Stift und Notizblock dabeizuhaben. Ebenso oft kramt man in seinem Kopf und versucht, sich an etwas zu erinnern, das man im Fernsehen, im Radio oder in einem Gespräch gehört hat. Und wie gut, wenn man in der Lage ist, sich diese Dinge in Zukunft ganz einfach zu merken!

Technik 4: Die Körperrouten-Technik

Bei der Körperroute bilden bestimmte Routenpunkte an Ihrem Körper, die Sie zuvor festlegen und sich merken, die Basis, um eine Liste von Begriffen der Reihe nach im Gedächtnis zu verankern.

Dies könnten zum Beispiel Ihre Routenpunkte sein: Fangen wir beim **rechten Fuß** an (1), gehen hoch zum **Knie** (2) und weiter in Richtung **Bauch** (3). Dann kommen die **linke Hand** (4) und die **linke Schulter** (5) an die Reihe. Es folgen der **Mund** (6), die **Nase** (7) und der **Kopf** (8). Zum Schluss geht es auf der rechten Körperhälfte weiter zum **rechten Ohr** (9) und zur **rechten Hand** (10).

KÖRPERROUTEN-TECHNIK

Bei der Körperrouten-Technik werden nun einzelne Begriffe mit den Körperteilen assoziiert. Stellen Sie sich vor, Sie wollen sich folgende Begriffe merken:

:: Konzertkarten
:: Parfum
:: Lippenstift
:: Opernglas
:: Cardigan

Dann könnten Sie dies mithilfe der Körperroute folgendermaßen tun:

Sie treten mit dem **rechten Fuß** versehentlich auf die *Konzertkarten* und sprühen sich vor lauter Schreck *Parfum* auf das **Knie**. Auf Ihrem **Bauch** haben Sie einen Smiley aus knallrotem *Lippenstift*. In der **linken Hand** halten Sie vornehm Ihr *Opernglas* und über der **linken Schulter** hängt lässig Ihr *Cardigan*.

Dieses Bild müssen Sie visualisieren und einige Male wiederholen, dann vergessen Sie garantiert keinen der Gegenstände, die Sie mit ins Konzert nehmen möchten.

Ein Rätsel

Haben Sie Lust auf ein Rätsel?

Merken Sie sich diese Liste mithilfe der Körperroute! Es sind Dinge, die Sie bei einer Wanderung entdecken könnten. Gehen Sie dabei doch mal spazieren, egal ob im Raum oder draußen.

:: Frosch
:: Eichel
:: Blatt
:: Reh
:: Bach
:: Himbeere
:: Wanderer
:: Felsen
:: Murmeltier
:: Bank

KÖRPERROUTEN-TECHNIK

Zwei Begriffe haben die Position gewechselt. Finden Sie heraus, welche es sind?

:: Frosch
:: Eichel
:: Blatt
:: Reh
:: Bach
:: Himbeere
:: Felsen
:: Wanderer
:: Murmeltier
:: Bank

Haben Sie es herausgefunden? Sehen Sie? Schon sind Sie ein echter Gedächtnisprofi!

LOCI-METHODE

Haben Sie jetzt Hunger?

Packen Sie Ihre Einkäufe aus! Was haben Sie mitgebracht?

Konnten Sie sich alle Begriffe merken? Es macht doch richtig Spaß, ein wenig herumzuspinnen und verrückte Bilder zu erfinden, oder? Und die bleiben uns garantiert auch im Gedächtnis!

LOCI-METHODE

Beim Kochkurs

Zum Kochkurs müssen Sie diese Zutaten mitbringen:

:: Lachsfilet
:: Olivenöl
:: Meersalz
:: Dill
:: Mandeln
:: Kartoffeln
:: Rosmarin
:: Mangold
:: Knoblauch
:: Zitrone

Merken Sie sich die Zutaten bis zum Supermarkt!

Technik 5: Die Loci-Methode

Auch die Loci-Methode eignet sich wie die Körperrouten-Technik sehr gut, um sich mehrere Begriffe in einer bestimmten Reihenfolge zu merken. Der Vorteil: Sie können sich nicht nur zehn Begriffe merken, sondern so viele wie Sie möchten.

Dazu suchen Sie sich einen Weg, das kann zum Beispiel ein bestimmter Weg in Ihrer Wohnung sein oder ein Wanderweg, den Sie mögen. Auch Ihre Lieblings-Walkingstrecke eignet sich. Die Hauptsache ist, dass Sie diese Strecke gut kennen.

Auf diesem Weg werden nun ebenfalls (zunächst zehn) Routenpunkte festgelegt, welche gut verinnerlicht werden müssen, da sie immer gleich bleiben.

LOCI-METHODE

Hier zeigen wir Ihnen ein Beispiel anhand einer abendlichen Joggingrunde:

Wir starten an der **Haustür** (Routenpunkt 1), laufen zur **Straßenecke** (2) und biegen auf den **Feldweg** (3) ab. Wir laufen an der **Kuhweide** (4) vorbei sowie an der **Bank** (5). Gleich dahinter steht der große **Kastanienbaum** (6). Jetzt joggen wir am **Bauernhof** (7) vorbei sowie am **Hofladen** (8). Gleich dahinter ist die **Pferdekoppel** (9) und schon geht es wieder zurück auf die **Straße** (10).

LOCI-METHODE

Die Loci-Methode – So funktioniert´s!

Hat man die Strecke mit den Routenpunkten festgelegt und verinnerlicht, dann kann man damit arbeiten.

Diese Dinge wollen Sie in Ihre Tasche packen, bevor Sie heute Abend zum Niederländisch-Kurs gehen:

:: Kugelschreiber
:: Block
:: Übungsheft
:: Niederländisch-Buch
:: Wörterbuch
:: Taschentücher
:: Handy
:: Portemonnaie

Auf der Rückseite zeigen wir Ihnen, wie Sie sich diese Liste mit der Loci-Methode merken können ...

LOCI-METHODE

Ihre Geschichte könnte folgendermaßen lauten:

Sie wollen die **Haustür** abschließen, aber im Schloss steckt ein *Kugelschreiber*. An der **Straßenecke** steht jemand mit einem *Block* und notiert, wer vorbeifährt. Auf dem **Feldweg** liegt ihr *Übungsheft* im Matsch und eine Kuh auf der **Kuhweide** kaut auf Ihrem *Niederländisch-Buch* herum. Auf der **Bank** finden Sie Ihr *Wörterbuch* (das Vokabeln vor sich hin brabbelt) und sie packen es ein. Am **Kastanienbaum** hängen Kastanien, die alle mit *Taschentücher*n umwickelt sind, und beim **Bauernhof** telefoniert der Bauer mit Ihrem *Handy*. Im **Hofladen** kaufen Sie dann schnell noch ein neues *Portemonnaie*.

Und schon kann Ihre Niederländisch-Stunde beginnen!

LOCI-METHODE

Ihr eigener Weg

Denken Sie sich nun einen Weg aus, den Sie gut kennen und den Sie gerne entlanggehen. Vielleicht machen Sie an Ihrem Lieblingsurlaubsort eine bestimmte Wanderung besonders gerne, oder Sie freuen sich immer, wenn Sie Ihre Kinder besuchen, wodurch Ihnen dieser Weg nicht nur besonders vertraut ist, sondern Sie zudem stets in gute Laune versetzt.

Machen Sie eine Skizze Ihres Weges!

LOCI-METHODE

Markieren Sie zunächst zehn Punkte auf Ihrer Route. Dies sollten markante Punkte sein! Ist der Weg in Ihrer Nähe, dann gehen Sie ihn doch einmal ab! Sie können sich die Routenpunkte aber auch vorstellen.

Wiederholen Sie Ihre Route mit den Routenpunkten einige Male. Sie müssen Sie gründlich verinnerlichen, damit Sie sicher mit der Technik arbeiten können.

Das Praktische an der Loci-Methode: Sie können sie beliebig erweitern. Wenn Sie mit ihr vertraut sind, können Sie zum Beispiel weitere Punkte auf der Route hinzufügen oder auch eine neue Route auswählen und die beiden Wege dann miteinander verknüpfen.

LOCI-METHODE

Weinprobe

Und schon können Sie loslegen!

Versuchen Sie, sich diese Lebensmittel, Gegenstände und Menschen, die Ihnen bei einer Weinprobe begegnen könnten, mithilfe der Loci-Methode zu merken:

:: Flasche
:: Korkenzieher
:: Weinglas
:: Traube
:: Käse
:: Fass
:: Thermometer
:: Baguette
:: Wasser
:: Sommelier

LOCI-METHODE

Hat sich Ihre Route in ein rauschendes Weinfest verwandelt?

Bei uns lag eine *Flasche* vor der **Haustür** (als Geschenk mit einer schönen Schleife). Die haben wir gleich geöffnet, und zwar noch an der **Straßenecke**, an der ein *Korkenzieher* lag (was für ein Glück!). Auf dem **Feldweg** stand ein *Weinglas* und die Kühe naschten *Trauben* (die lagen in ihren Futtertrögen). Die gesamte **Bank** bestand aus *Käse* (Stellen Sie sich den Geruch vor!) und der Stamm des **Kastanienbaumes** hatte die Form eines *Fasses*. Und so weiter …

Was ist in Ihrer Geschichte passiert? Können Sie die Begriffe wiedergeben, wenn Sie die Karte zur Seite legen?

Desaster in der Umkleidekabine

Es ist ärgerlich, wenn man in der Umkleidekabine des Schwimmbads merkt, dass man Badeanzug oder Badehose vergessen hat. Noch ein bisschen ärgerlicher ist es, wenn man nach dem Schwimmen sein Handtuch vergeblich in der Schwimmtasche sucht.

Merken Sie sich bitte diese Liste mit Dingen, die man unbedingt ins Schwimmbad mitnehmen sollte:

:: Badekleidung
:: Handtuch
:: Duschgel
:: Shampoo
:: Haarbürste
:: Geld
:: Zehnerkarte
:: Bodylotion
:: Deodorant

Sie brauchen keine Haarbürste? Und eine Zehnerkarte haben Sie auch nicht? Dann schreiben Sie Ihre eigene Liste und lernen Sie diese mithilfe der Loci-Methode!

LOCI-METHODE

Es ist doch erstaunlich, was auf Ihrer Route so alles passiert, oder? Hing Ihre Badehose über dem Türgriff, lag das Handtuch auf der Straße, befand sich Duschgel auf der Parkbank oder sprühte sich Ihr Lieblingsbaum mit Deodorant ein?

Erlauben Sie sich, ein wenig zu spinnen und sehen Sie die Welt mit anderen Augen!

Und? Können Sie Ihre Schwimmtasche nun aus dem Gedächtnis heraus packen, ohne etwas zu vergessen?

Und zum Schluss ...

... haben wir noch ein paar Fragen an Sie:

Wie heißen die drei Herren, die Ihrem Wanderverein gerade beigetreten sind?

Was gehört alles in Ihre Sporttasche?

Wie lautet Ihre Handynummer?

Und was gibt es am Wochenende in Ihrer Stadt zu erleben?

Konnten Sie einige der Fragen noch beantworten? Verblüffend, oder?

Versuchen Sie, Ihre neuen Fähigkeiten so oft wie möglich anzuwenden. Egal, ob es sich um Dinge handelt, die Sie wirklich brauchen, oder ob Sie vielleicht nur zum Spaß die eine oder andere Zahl im Gedächtnis behalten möchten. Je mehr Sie üben, desto schneller und besser werden Sie.

Wir wünschen Ihnen viel Erfolg und vor allem – viel Spaß!

Impressum

50 Schritte zum besseren Gedächtnis - aktiv
ISBN 978-3-89777-664-7

© 2013 moses. Verlag GmbH
Arnoldstraße 13d
47906 Kempen
www.moses-verlag.de

Alle Rechte vorbehalten.

Text: Nicola Berger
Lektorat: Elke Vogel
Gestaltung und Satz: Pohl & Rick, Düsseldorf
Herstellung: Linda Dörk
Produktmanagement: Maja Kuß
Coverfotos:
© Monkey Business/Fotolia.com, Robert Kneschke/Fotolia.com, goodluz/Fotolia.com
Fotos im Innenteil:
© Peter Atkins, Maridav, Ljupco Smokovski, auremar, creative studio, Janina Dierks, Yuri Arcurs, Dan Race, Narayan Lazic, contrastwerkstatt, Janina Dierks, Fotowerk, Alexander Raths, GordonGrand, Friedberg (Alle Quellen: /Fotolia.com)

Printed in China

AUSSERDEM IN DIESER REIHE ERSCHIENEN:

IM ALLTAG

ISBN 978-3-89777-662-3

UNTERWEGS

ISBN 978-3-89777-663-0

Noch mehr praktische Übungen für ein besseres Gedächtnis!

je 50 Karten
€ 12,95 (D)/ € 13,40 (A)